Wendy Blaxland

Darstellendes Spiel

3./4. Jahrgangsstufe

Übungsmaterialien rund um das Theaterspielen
mit Kopiervorlagen

Illustriert von Dee Texidor

Auer Verlag GmbH

Dieses Buch erschien bereits unter dem Titel Wendy Blaxland: „Drama“. Blake Publishing 2004

Gedruckt auf umweltbewusst gefertigtem, chlorfrei gebleichtem
und alterungsbeständigem Papier.

1. Auflage. 2007
Nach den seit 2006 amtlich gültigen Regelungen der Rechtschreibung

Aus dem Englischen von Barbara Soukup-Sterl
Satz: Fotosatz H. Buck, Kumhausen
Druck und Bindung: Ludwig Auer GmbH, Donauwörth
ISBN 978-3-403-0**4425**-3

www.auer-verlag.de

Inhalt

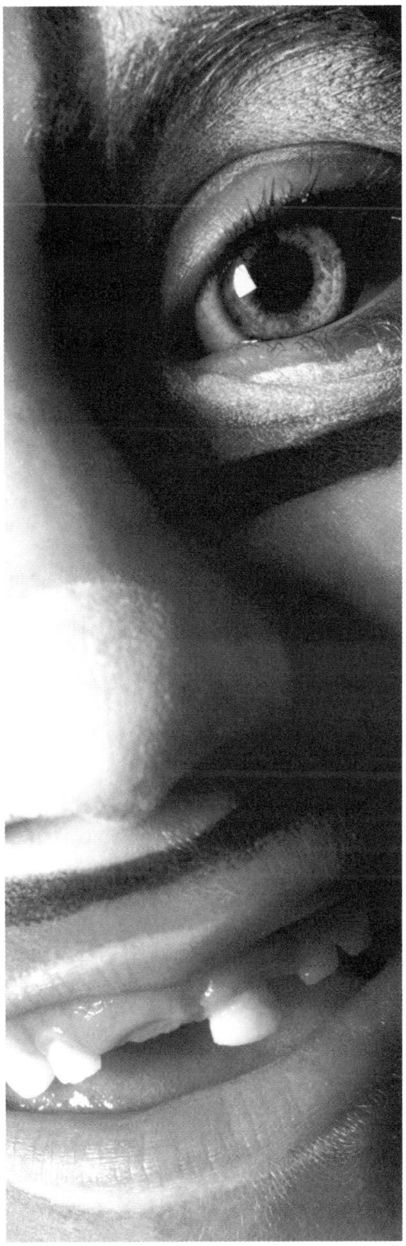

Zum Umgang mit diesem Buch 4

Infos für Lehrkräfte 5

Hintergrundwissen 6
Klassenorganisation 7
Tipps zur technischen Ausstattung 9
Lernzielkontrolle 10
Einbindung der Eltern 10

Schnell-Starts 11

Übungen mit keinem oder nur geringem Vorbereitungsaufwand, die Ihnen helfen, die Kreativität, Fantasie und die Fähigkeiten bei Ihren Schüler/-innen zu fördern

Materialien für die individuelle Planung 16

27 Kopiervorlagen mit Schülerübungen:

Gestaltung: Figuren 1–3
Gestaltung: Improvisation 4–7
Fertigkeiten: Bewegung, Pantomime, Stimme, künstlerische Gestaltung 8 – 12
Elemente: Hervorhebung, Höhepunkt, Stimmung, Symbole 13 – 16
Vorspielen 17 – 20
Rezipieren 21 – 23
Kontext 24 – 27

Schritt für Schritt 44

Aufgabenkarten zur Verknüpfung und Festigung der erworbenen Fähigkeiten aus den Schnell-Starts und den Kopiervorlagen. Die Karten enthalten klare Schritt-für-Schritt-Anweisungen für die Kinder.

Zum Umgang mit diesem Buch

Dieses Buch soll vielbeschäftigten Lehrern schnelle und hilfreiche Methoden für den Einsatz von darstellendem Spiel im Unterricht aufzeigen. Alle Übungen darin können in beliebiger Reihenfolge und meistens ohne besondere Vorbereitung eingesetzt werden. Die Tipps und Übungen sind erprobt und leicht durchführbar. Alle Lehrkräfte werden hier genug Material finden, um ihre Schüler weiterzubringen.

Einige Übungen vermitteln Fertigkeiten, die speziell für das darstellende Spiel gebraucht werden. Aber viele von ihnen bieten fächerübergreifende Verbindungen zu Fertigkeiten im sprachlichen, mathematischen, sachunterrichtlichen und sozialen Bereich. Dadurch fällt es leicht, darstellendes Spiel in den übrigen Unterricht zu integrieren. Darstellendes Spiel ist eine aktive Beschäftigung, über die nicht nur geschrieben oder geredet wird. Es macht den Schüler/-innen Spaß, an lebhaften Aktivitäten teilzunehmen und somit bleibt das Gelernte im Gedächtnis besser erhalten.

Alle Übungen lassen sich problemlos an die Bedürfnisse der Kinder oder an Ihren Unterricht anpassen. Probieren Sie es aus – zu Ihrem eigenen Vergnügen!

Infos für Lehrkräfte

Dieser Abschnitt vermittelt, wie dieses Buch optimal im Unterricht eingesetzt werden kann. Er beinhaltet Ideen für die Organisation der Arbeit in der Klasse, gibt Hinweise zur Kontrolle der Lernleistungen der Kinder. Vorschläge zur Einbindung der Eltern runden das Kapitel ab.

Schnell-Starts

Dieser Teil umfasst 20 Übungsvorschläge zur Förderung der Kreativität und Fantasie der Kinder, die kaum oder keine Vorbereitung erfordern. Die kurzen Überschriften dienen Lehrer/-innen, die beispielsweise schnelle Übungen zum Aufwärmen oder zur Förderung der Konzentration suchen, zur raschen Orientierung.

Materialien für die individuelle Planung

Hier sind die Schüler/-innen gefordert: Der Teil bietet 27 Arbeitsblätter mit Einzel- und Gruppenaktivitäten. Sie beinhalten Übungen zum Gestalten von Figuren (Charakteren) und Improvisationen; zum Entwickeln von Fertigkeiten und Spielelementen; zum Darstellen und Rezipieren und zum Kontext, in dem darstellendes Spiel steht. Jedes Arbeitsblatt enthält das Thema und eine Information über die Lerntätigkeit der Kinder. Natürlich können alle Kopiervorlagen bei Bedarf individuell abgewandelt und an die eigene Klassensituation angepasst werden.

Schritt für Schritt

In diesem Kapitel sollen die Schüler/-innen unter Zuhilfenahme von acht Arbeitskarten die erworbenen Fertigkeiten festigen. Die Karten können dabei helfen, umfangreiche Projekte zu verwirklichen. Sie können jederzeit und in beliebiger Reihenfolge als Arbeitsaufträge eingesetzt werden und umfassen sowohl Einzel- als auch Gruppenaktivitäten.

Infos für Lehrkräfte

Hintergrundwissen

Darstellendes Spiel

Mit darstellendem Spiel lässt sich die Welt in aufregender Weise erkunden. Der Kern schauspielerischer Tätigkeit ist, dass man dabei „ein anderer wird“ und dass sowohl Schauspieler wie Publikum ein Stück weit in den Fußstapfen dieses anderen wandeln. Die gesamte Persönlichkeit des Schauspielers dient hierfür als Instrument: sein Körper, seine Stimme, sein Verstand, seine Gefühle und Erfahrungen. Schauspieler sind wir eigentlich alle: beim Rollenspiel als Kinder, beim Geschichtenerzählen als Erwachsene. In unserem ganzen Leben, bei allen unseren Ritualen begegnet uns darstellendes Spiel in einer Vielzahl dramatischer Formen: im Theater, im Film, im Fernsehen und in der Werbung. Das Gespielte bringt uns zum Lachen, zum Weinen und zum Nachdenken, und es ist damit ein wichtiger Teil unseres Lebens.

Gestalten, rezipieren, darstellendes Spiel in einen Kontext setzen

Drei Aspekte sind wichtig, wenn Sie darstellendes Spiel unterrichten:
das Spiel gestalten, darstellendes Spiel rezipieren und in einen Kontext setzen.

1. Gestalten

- Erkunden

Zunächst sammeln und entwickeln die Schüler/-innen Ideen und Gefühle unter Einsatz ihrer Erfahrung und Fantasie.

- Gestalten

Dann formen sie ihre Ideen mit Hilfe der speziellen Fertigkeiten, Techniken und Prozesse des darstellenden Spiels aus. Dazu gehören Improvisation durch Rollenspiele und Charakterisierung, Pantomime, Geschichtenerzählen, Puppenspiel, Lesetheater und die Arbeit mit einfachen Skripten. Die technischen Fertigkeiten umfassen den Einsatz von Stimme, Körperhaltung und Bewegung sowie von einfachen Requisiten und Kostümen in einem improvisierten Spielrahmen, und die Elemente Stimmung, Hervorhebung, Spannung, Kontrast und Symbol.

- Spielen

Schließlich lernen die Schüler, Spielstücke für ein bestimmtes Publikum und bestimmte Zwecke zu planen, zu proben und aufzuführen. Sie arbeiten in Gruppen zusammen und beweisen dabei sowohl Toleranz gegenüber anderen wie auch die Fähigkeit, Aufgaben während einer begrenzten Arbeitszeit zu erledigen.

2. Rezipieren

Die Schüler/-innen lernen, darstellendes Spiel zu rezipieren und sowohl ihre eigene Arbeit wie auch die der anderen zu beurteilen und gleichzeitig Verständnis für andere Meinungen aufzubringen.

3. Kontext

Die Kinder betrachten darstellendes Spiel in seinem gegenwärtigen und historischen Kontext. Sie sprechen darüber, wie es für die verschiedenste Zwecke gestaltet und eingesetzt wird: z.B. bei ihrer Unterrichtsarbeit oder bei öffentlichen Formen des darstellenden Spiels (beim Geschichtenerzählen, beim Film und auf der Bühne, hier zu Lande oder in anderen Kulturen).

Von der eigenen Kreativität Gebrauch machen

Durch darstellendes Spiel können die Schüler/-innen ihrer Kreativität Ausdruck verleihen. Sie arbeiten einzeln oder in Gruppen daran, das Schultheater zu gestalten, auszuarbeiten und es zu beurteilen. Dazu benötigen sie logisches, begriffliches, symbolisches und analytisches Denken.
Für alle Schüler/-innen, gleich welcher Herkunft und Kultur, ist Schultheater von großem Nutzen. Es erfordert individuelle und zwischenmenschliche Fertigkeiten, trägt zum Aufbau von Selbstvertrauen und Selbstachtung bei und fördert verschiedene Begabungen.
Ein anderer wichtiger Gesichtspunkt ist, dass nicht nur Kinder mit besonderen darstellerischen Talenten brillieren können. Auch behinderte Schüler/-innen finden im darstellenden Spiel ein kreatives Medium. Oft blühen Schüler, die sich mit akademischen Fertigkeiten schwertun, beim Schulspiel sichtlich auf.

Darstellendes Spiel im Rahmen des Lehrplans

Darstellendes Spiel kann man als Projekt oder in bestimmte Lehrplanbereiche integriert unterrichten. Es eignet sich perfekt zur Einbeziehung anderer Kunstformen wie Tanz, Musik, bildender Kunst, sowie von Medien. In jedem Bereich des Lehrplans bietet Schulspiel den Schüler/-innen schöpferische, aber handfeste Erfahrungen.
Im Heimat- und Sachunterricht können die Schüler beispielsweise Körpersysteme wie etwa die Lungen erkunden, eine Kommunalwahl im Rollenspiel darstellen. Im Deutschunterricht können sie Gefühle durch Improvisationsspiel ausdrücken oder geschriebene Szenen zum Leben erwecken. Im Mathematikunterricht können sie mit Fingerpuppen Multiplikationen darstellen.
Durch seine aktive Komponente macht darstellendes Spiel den Kindern Spaß und sie lernen gern!

Klassenorganisation

Vorbereitungen

Die Größe der Spielgruppen sollte möglichst auf 15 Personen beschränkt sein. Für die jüngeren Schauspieler ist eine Stunde Unterrichtszeit jeweils angemessen, für die älteren eineinhalb Stunden. Ideal wäre ein für diesen Zweck bestimmter Raum. Für den Fall, das kein solcher Ort zur Verfügung steht, kann durch Verrücken der Klassenmöbel eine freie Spielfläche geschaffen werden.

Einige Regeln für den Unterricht in darstellendem Spiel

- Trage bequeme Kleidung, z. B. Sportkleidung.
- Hilf mit, die Spielfläche vorzubereiten und zum Schluss wieder alles aufzuräumen.
- Achte auf kontrollierte Bewegungen, vor allem deiner Hände und Füße.
- Alle wechseln sich im Spielen und Zuschauen ab.
- Bemühe dich, ein guter Zuhörer zu sein, das heißt, richte die Augen auf die gerade sprechende Person, sei leise, halte dich still und wende deine Aufmerksamkeit der sprechenden Person zu.

Führen Sie diese Regeln in den Anfangsstunden durch spielerische Aktivitäten ein.

Tipps für Lehrkräfte

Legen Sie ein visuelles oder verbales Signal fest, mit dem Sie die Schüler dazu auffordern, Bewegungen und Sprechen einzustellen und ihre Aufmerksamkeit auf Sie zu konzentrieren. Das können Sie mit Metallklangstäben, dem lang gezogenen Wort „Halt!“, mit dem Hochstrecken eines Arms oder dem Vormachen einer spaßigen Bewegungsfolge erreichen. Die Kinder müssen Ihre Bewegungen so lange nachmachen, bis jeder ruhig und aufmerksam ist. Üben Sie die Anwendung dieses Signals in vorbereitenden Stunden mit den Schülern intensiv ein, sodass es wie am Schnürchen klappt.

Wenn Sie aufgedrehte Schüler/-innen während des Spielunterrichts beruhigen wollen, helfen folgende Maßnahmen:

- in Zeitlupe spielen lassen
- stumm oder nur flüsternd spielen lassen
- oder den ersten belohnen, der auf das festgelegte Signal richtig reagiert.

Einstimmungsspiele machen viel Vergnügen und lehren die Schüler/-innen, Anweisungen zu befolgen, sich zu konzentrieren und zusammenzuarbeiten. Darüber hinaus sollten sie auch zur weiteren Arbeit hinführen.

Wichtige Prinzipien

- Unterrichtsstunden in darstellendem Spiel sind aktiv und sollten einen dynamischen Wechsel zwischen Spielen, Zuschauen und Nachdenken bieten.
- Ermuntern Sie Ihre Schüler/-innen dazu, auf ihre eigene und die Sicherheit der anderen zu achten, während sie gemeinsam spielen. Recht ausgelassene Schüler haben es eher nötig, mehr an die Bedürfnisse der anderen zu denken, während Schüler mit wenig Selbstvertrauen möglicherweise auf Unterstützung und eine gerechte Zuteilung der Spielzeit angewiesen sind.
- Halten Sie Ihre Anweisungen kurz, klar und einfach.
- Bei Improvisationen der Schüler kann es sehr eindrücklich wirken, wenn sie selbst dabei eine Rolle übernehmen, beispielsweise die eines Experten, einer Amtsperson oder eines Neuankömmlings.
- Heben Sie gute Leistungen einzelner Schüler hervor.
- In Sequenzen, in denen die ganze Gruppe zusammenarbeitet, können Sie immer wieder einzelne Schüler betreuen und ihre Fähigkeiten erweitern: z. B.: „Denke daran, dass alles gefroren ist … mache auch von deinen Fingern Gebrauch … arbeite heraus, was du besonders darstellen willst.“
- Machen Sie passendes und unpassendes Spielverhalten vor, z. B. das Vortragen wichtiger Stellen mit Gesicht zum Publikum im Gegensatz zum leisen Sprechen mit dem Rücken zu den Zuschauern.
- Zeigen Sie, wie man alle Beiträge konstruktiv kritisiert. Fragen Sie die Schüler: „Was hat gut geklappt?“. Kommentieren Sie zuerst bestimmte Einzelheiten, bevor Sie konstruktive Anregungen geben und die anderen Schüler zu Kritikbeiträgen ermuntern.
- Beziehen Sie Aufwärmübungen und -spiele immer auf das Hauptthema der folgenden Spielstunde.

Klassenorganisation

Vorschläge für den Verlauf einer Unterrichtsstunde in darstellendem Spiel:

- Alle ziehen entweder Schuhe und Socken aus oder lassen, wenn nötig, beides an. Socken allein können zu rutschig sein.
- Alle setzen sich im Kreis hin und warten auf den Beginn. Der Kreis macht sichtbar, dass jeder hier gleich viel gilt, verstärkt die gegenseitige Wahrnehmung und schafft einen Zuschauerkreis, den ein Spieler nutzen kann. Auch fördert die Kreisform die Konzentration und das Nachdenken.
- Es empfiehlt sich, jede Spielstunde mit einer körperlichen Aufwärmübung zu beginnen und danach Übungen zur Entspannung und Konzentration zu machen. So kommen die Einzelnen zur Ruhe und der Gruppenzusammenhalt wird gefördert. Bestimmte Spiele können Aufwärm- und Konzentrationsübungen mit einer vergnüglichen Aktivität kombinieren und den sozialen Zusammenhalt stärken. Darauf folgt die Arbeit an Atmung und Stimme. Erst danach können andere Fertigkeiten oder Themen behandelt werden.
- Innerhalb jeder Einheit wechseln die Schüler/-innen von (gleichzeitiger) Einzelarbeit zu Partner- und zu Gruppenarbeit. Schüler/-innen dieser Klassenstufen erarbeiten bestimmte Fertigkeiten einzeln oder in Partnerarbeit innerhalb der ganzen Gruppe, aber bei Aufgaben mit begrenzter Arbeitszeit spielen sie auch in Kleingruppen.
- Planen Sie gegen Ende der Unterrichtsstunde noch Zeit ein zur Beruhigung, zum Anziehen von Schuhen und Socken und zum Aufräumen.

Vorspielen

Die Schüler dieser Klassenstufen arbeiten immer noch mehr der schauspielerischen Erfahrung wegen und nicht, um etwas vor einem Publikum aufzuführen. Sie haben allerdings schon die Fähigkeit entwickelt, ein Spielstück für ein bestimmtes Publikum oder einen bestimmten Zweck zu planen und aufzuführen. Sie können schon z. B. Szenen entwerfen und dabei mit den Elementen Rolle, dramatische Handlung und Sprache experimentieren; sie erkunden, wie Requisiten und Bühnenbilder Rollen und Situationen charakterisieren können. Sie arbeiten auch in Gruppen, um ihre Arbeit zu planen, auszugestalten und sich über sie auszutauschen. Dabei sollen sie Toleranz und die Fähigkeit zum Erledigen von zeitbegrenzten Aufgaben und zum Memorieren einfacher Skripten beweisen. Suchen Sie nach Skripten von guter Qualität, die für Ihre Schüler/-innen geeignet sind.

Denken Sie daran:

- Die Kinder dürfen ihre Arbeit anderen vorführen, wenn sie das möchten, sie sollten aber nicht dazu verpflichtet werden. Der Prozess ist genauso wichtig wie das Endprodukt, und nicht jede Beschäftigung mit einem Thema führt zu einem Erfolg.
- Versuchen Sie, alle vorgeführten Arbeiten lieber mit einem ausgesprochenen oder unausgesprochenen „Danke schön" anzuerkennen statt mit Applaus. Somit zeigen Sie, dass es sich eher um einen von mehreren Arbeitschritten als um eine Aufführung handelt.

Ausstattung

Die einfachsten Aufführungen sind oft die eindrucksvollsten. Bühnenbilder, Kostüme, Schminke, Beleuchtung und Musik können sicherlich ein Spielstück bereichern, aber sie sind Beiwerk. Die flexibelste Ausstattung zum Spielen sind Tücher verschiedener Längen, Farben und aus unterschiedlichem Gewebe, vorzugsweise aus knitterfreiem Material. Solche Tücher können immer wieder als symbolische Bühnenbildelemente oder als Kostüme verwendet werden. Dafür werden sie durch einfache Knoten, Gummis oder Schnüre in Form gebracht. Halten Sie Ausschau nach Einzelstücken, Resten und Sonderangeboten. Für die Kostümierung einer Menschenmenge eignen sich einfache farbige Oberteile und Hosen am besten. Sammlungen von Kopfbedeckungen und Schuhen sind wunderbare Mittel zur Charakterisierung: fragen Sie Ihre Schüler nach ungeliebten Familienstücken. Schminke kann einfach aus Ton und Ocker bestehen, es gibt aber auch preisgünstige Schminkfarben. Eine weitere sinnvolle Investition ist die Anschaffung starker Holzklötze oder Dirigentenpulte in verschiedenen Größen, sodass die Schüler mit verschiedenen Spielebenen experimentieren können. Auch sonst sind bei ihrer Verwendung der Fantasie keine Grenzen gesetzt. Requisiten, Bühnenbilder und Kostüme können Sie ganz billig oder auch gratis aus Recyclingmaterial anfertigen: Hüte aus Zeitungspapier, Bühnenbilder aus Kartons, Musikinstrumente aus Plastikflaschen. Nehmen Sie es für sich und Ihre Schüler als Herausforderung, so wenig Geld wie möglich auszugeben.
Welche Regeln gelten hier? Alle nutzen die Ausstattung gemeinsam und hinterlassen sie sauber und unbeschädigt.

Tipps zur technischen Ausstattung

Kamera, Video und Standfoto

Die Theaterarbeit im Unterricht ist ihrem Wesen nach kurzlebig. Indem man sie mit Fotos oder im Film aufzeichnet, gibt man den Schüler/-innen die Möglichkeit, über ihre Arbeit zu reflektieren.

Eine Videokamera bietet den Schülern ein unmittelbares Feedback. Die Kinder sehen sich sehr gern in Videoaufzeichnungen und die Möglichkeit, sich selbst als Zuschauer zu betrachten, eröffnet ihnen eine Sichtweise, die sie sonst nirgends bekommen. Seien Sie allerdings darauf vorbereitet, Schüler zu ermutigen und zu unterstützen, falls ihnen nicht gefällt, was die Kamera aufgenommen hat.

Ältere Schüler können lernen, die Darbietungen ihrer Mitschüler auf Video aufzunehmen.

Eine Digital-Fotokamera minimiert Fehler und ermöglicht der Klasse, die Fotos direkt auf Computer zu übertragen. Bei konventionellen Fotokameras sollten Sie für Innenaufnahmen hochempfindliche Filme verwenden. Vergessen Sie nicht, neben den Aufführungen auch die Gestaltungs- und Diskussionsphase wie auch die Proben festzuhalten.

Fernsehen

Filme und Fernsehsendungen auf Video oder DVD sind wichtige Hilfsmittel, um die Erfahrungen der Schüler/-innen mit darstellendem Spiel in verschiedenen Kontexten zu erweitern. Sie bieten die Möglichkeit, verschiedenste Spieler, Aufführungen und Stile kennenzulernen und Schauspielaufführungen verschiedener Kulturen zu sehen. Zudem bieten sie den Schülern den Anreiz, die ganze Bandbreite moderner dramatischer Spielformen kennenzulernen, von Musikvideoclips über Trickfilme und Werbespots bis hin zu Kinofilmen. Nehmen Sie auch die Videoaufnahmen der Schüler in Ihre Video- oder DVD-Sammlung auf.

CD-Spieler oder Kassettenrekorder

Ein guter CD-Spieler oder Kassettenrekorder sind eine wertvolle Hilfe beim Unterricht in darstellendem Spiel. Musik kann Entspannungsübungen begleiten und einen Übergang zu Aufwärmübungen und Improvisationen schaffen. Gerade für Spielstücke, in denen es um Gefühle geht, ist Musik sehr hilfreich.

Kassettenrekorder können auch zur Aufnahme von Schülerdiskussionen verwendet werden, um den Arbeitsprozess zu dokumentieren.

Computersoftware und das Internet

Die Schüler können zahlreiche Computerprogramme zum Erstellen leicht reproduzierbarer Druckvorlagen für Poster und Programmhefte und zum Einscannen von Fotos für ihre Arbeitsberichte nutzen.

Versuchen Sie Verlage oder ähnliche Firmen dafür zu gewinnen, Ihrer Schule ihre Programme oder CD-ROMs für eine gewisse Probezeit zur Verfügung zu stellen.

Schüler können auch das Internet zu Forschungszwecken nutzen, um etwas über Schauspieltraditionen in verschiedenen Kulturen und Zeiten herauszubekommen, sich aktuelle Musikclips anzusehen, sich über Schauspieler, Filme und Fernsehserien zu informieren und ihre Meinungen mit anderen auszutauschen. Zu vielen Fernsehserien und -figuren, Animationsstudios und Produkten gibt es Websites, auf denen Kinder in der Rolle einer Figur interaktive Spiele spielen können. Auf diese Weise erweitern sie ihre Erfahrungen mit darstellendem Spiel in eine ganz andere Richtung. Diese Websites und Spiele können als Anstoß zu einer Diskussion dienen, in der über die Unterschiede zwischen den Figuren derselben Geschichte in einer Animationsfilm-, einer Kinofilm- oder einer Computerspielversion gesprochen wird. Somit werden die Kenntnisse der Schüler über verschiedene dramatische Formen vertieft.

Lernzielkontrolle

Eine Leistungsbewertung beim darstellenden Spiel ist nicht einfach. Vor allem, weil eine Aufführung zeitgebunden stattfindet und irgendwann endet, aber auch, weil der Gestaltungsprozess genauso wichtig ist wie das Endprodukt. Die Rezeption eines Spielstücks ist immer subjektiv, eine Bewertung muss daher auf eindeutigen Tatsachen beruhen.

Zur Analyse können unterschiedliche Methoden herangezogen werden. Dazu gehören Diskussionen über Aufführungen, deren Videoaufnahmen, sowie die Anfertigung von Arbeitsberichten durch die Schüler/-innen.

Um Ihren Bewertungsprozess zu fördern und von den Schülern Rückmeldungen zu erhalten, sollten Sie den Schülern behutsam vorführen, wie sich die Arbeit konstruktiv weiterentwickeln lässt: fragen Sie sie zuerst danach, was ihnen gefallen hat. Jede Antwort muss ernst genommen werden, aber vor allem ältere Schüler sollten dazu angeregt werden, ihre Reaktionen zu formulieren und Gründe dafür zu finden. Um bei den Schülern den notwendigen Wortschatz aufzubauen, sollten Sie mit ihnen über den Einsatz von Spielelementen und -techniken sprechen und auf diese Weise ihre Rezeption vertiefen.

Konfrontieren Sie die Schüler mit ganz unterschiedlichen Darbietungen, die verschiedenen Zwecken dienen und aus verschiedenen Kulturen und Zeiten stammen. Weisen Sie auf die dramatischen Aspekte alltäglicher Ereignisse, Lebensgeschichten und besonderer Anlässe, z. B. Feste, hin.

Einbindung der Eltern

Die Beteiligung der Eltern an den Spielerfahrungen ihrer Kinder kann auf unterschiedliche Weise gefördert werden.

Wenn Eltern das theatralische Moment am Alltag erkennen und ihren Kindern Geschichten aus ihrem Leben und von ihrem kulturellen Hintergrund erzählen, geben sie ihnen damit ein reiches dramatisches Erbe mit, aus dem die Kinder schöpfen können.

Zu Hause bietet eine Schachtel mit Verkleidungssachen einen wunderbaren Anstoß zu dramatischem Spiel. Darin können sich verschieden große Stoffe unterschiedlicher Farben und Gewebe zum Verknoten und Drapieren finden oder auch alte Kleidungsstücke, Schuhe, Schmuck und Kopfbedeckungen. Einfache Knoten oder dekorative Schnüre und Clipse können ein Stück Stoff in nahezu alles verwandeln, von Flügeln bis zum Mantel.

Handpuppen, Marionetten und Fingerpuppen sind preiswerte Geschenke, die darstellendes Spiel fördern, und es ist einfach, hinter dem Sofa oder zwischen Stühlen eine Puppenbühne aufzubauen.

Regen Sie Eltern und Kinder dazu an, zu Hause verschiedene Spielflächen auszuprobieren. Mit Tüchern oder Stoffen können sie Spielflächen im Haus verkleiden oder sie können die Spielmöglichkeiten an Stellen wie Türstöcken, Treppen, Balkons oder in Geräteschuppen ausnutzen. Auch draußen lassen sich geeignete Aufführungsflächen finden.

Erinnern Sie die Eltern daran, dass sie ihren Kindern eine breite Palette von schauspielerischen Darbietungen zugänglich machen können. Die Möglichkeiten reichen von üppig ausgestatteten Musicalaufführungen über Kindertheater und Marionettenspiel bis zu Filmen und Konzerten. Dabei sollten sie nicht vergessen, dass man an einer Vielzahl solcher kultureller Ereignisse gratis teilnehmen kann, vor allem auf Jahrmärkten, öffentlichen Festen, Festivals und kulturellen Treffen. Wenn Eltern mit ihren Kindern über die Darbietungen sprechen, sollten sie deren Meinung respektieren.

Schließlich sind viele Eltern oft überglücklich, wenn sie bei Aufführungen, an denen ihr Kind teilnimmt, Hilfsdienste übernehmen können. Möglicherweise können sie Zeit, Erfahrung oder Material für Kostüme, Requisiten, Schminke, Bühnenbilder usw. beisteuern.

Schnell-Starts

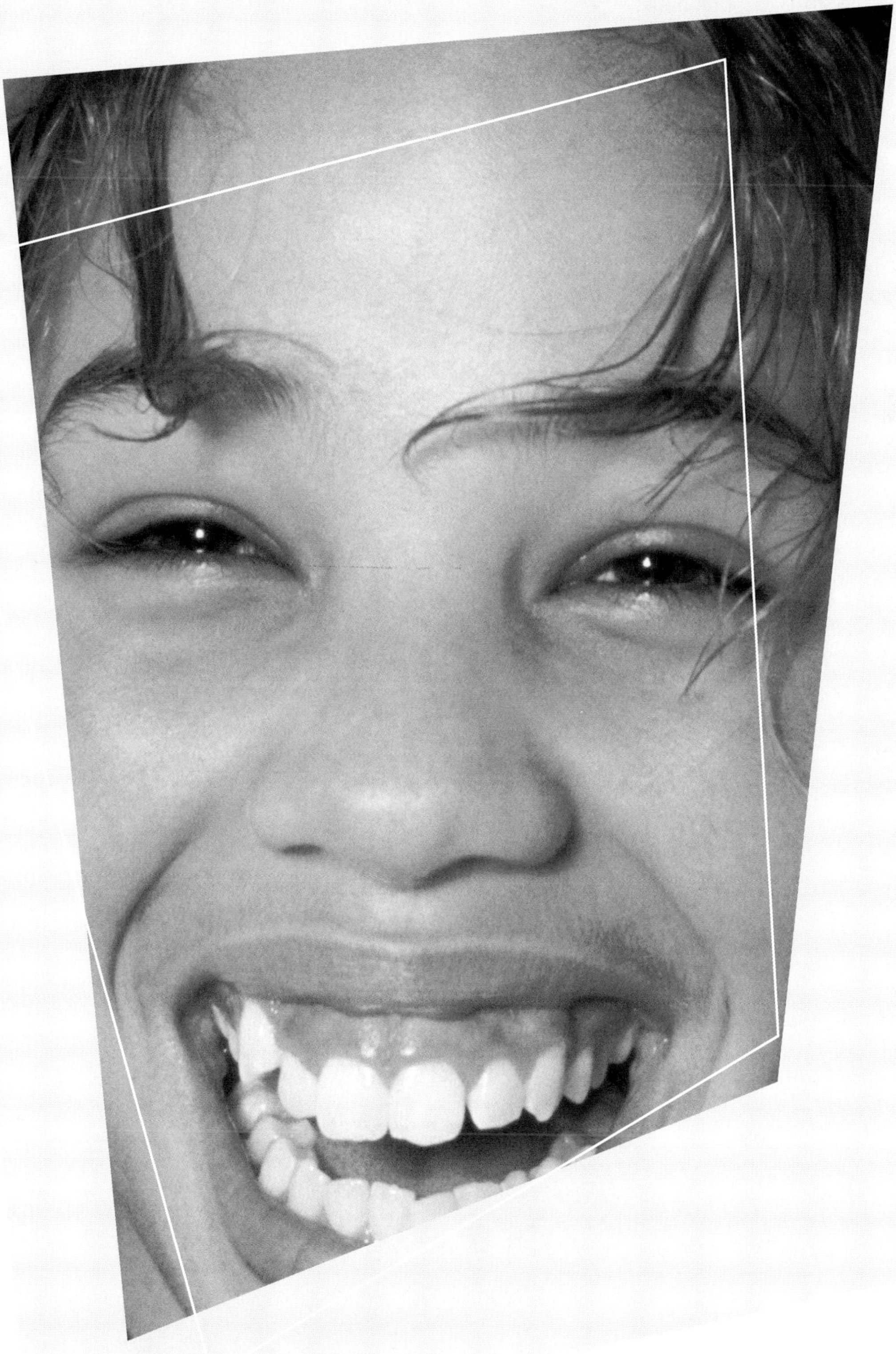

Rette dich, umarme mich

(Aufwärmspiel)
Suchen Sie einen Schüler aus, der den Jäger spielt. Er muss jemanden fangen und mit dem Gefangenen dann die Rolle tauschen. Die einzige Rettung vor dem Erwischtwerden ist es, einen Mitspieler zu umarmen oder zu berühren. Dabei können sich die ganzen Gruppen zusammenfinden. Der Fänger kann allerdings jederzeit: „1, 2, 3, auseinander!“ rufen und wer dieser Aufforderung nicht folgt, kann gefangen werden. Regen Sie Ihre Schüler/-innen zu „Rettungsaktionen“ an.
Ein sehr beliebtes Spiel!

Unser schöner Klassenausflug

(Improvisation)
Die Schüler führen einer anderen Klasse vor, wie schön es auf dem Klassenausflug war, den sie gerade unternommen haben. Zunächst werden die Rollen verteilt: alle Personen, die an dem Ausflug teilgenommen haben, müssen dargestellt werden. Lassen Sie die Kinder vorspielen, wie sie an ihren Bestimmungsort gelangten, was sich dort ereignete und wie sie wieder heimkamen. Besondere lustige oder dramatische Vorkommnisse können ebenso erwähnt werden, wie z. B. Qualität des Essens. Verwenden Sie minimale Requisiten wie Stühle oder Stoffe, um die Fantasie anzuregen.

Augen auf!

(Wahrnehmungstraining: Gesichtssinn)
Die Schüler/-innen liegen auf dem Rücken (am besten gleich nach einer Entspannungsübung) und lassen ihren Blick durch den Raum wandern. Sie sollen dann einen bestimmten Gegenstand näher ins Auge fassen und sich dessen Form, Farbe, Größe, Gewicht und andere Details merken. Nun setzen sie sich langsam auf, strecken sich und beschreiben diesen Gegenstand ihrem Partner so, dass er erraten werden kann.

Bodenhaftung

(„Grundlagen“)
Nach einer Aufwärm- und Entspannungsübung bleiben die Schüler auf dem Rücken liegen. Sie sollen sich wieder ihres eigenen Körpers auf der Spielfläche bewusst werden. Dazu sollen sie die Berührungspunkte ihres Körpers mit dem Boden spüren: am Rücken, an den Fersen, an den Armen, Fingern und am Hinterkopf. Dann sollen sie sich langsam so bewegen, dass auch andere Körperstellen mit dem Boden in Kontakt kommen. Schließlich sollen sie sich überlegen, wie sie auf interessante Weise langsam aufstehen könnten.

Körperbauten

(Gruppenarbeit)
Die Kinder arbeiten in kleinen Gruppen. Sie nennen einen komplexen Gegenstand und die Schüler/-innen sollen den darstellen. Dabei arbeiten alle Gruppen gleichzeitig. Sinnvolle Vorschläge sind z. B. ein Haus, eine Brücke, ein Auto oder ein Boot. Jede Gruppe kann sich nun anschauen, wie die anderen den gleichen Gegenstand dargestellt haben. Die Unterschiede werden schließlich miteinander besprochen.

Katz und Maus

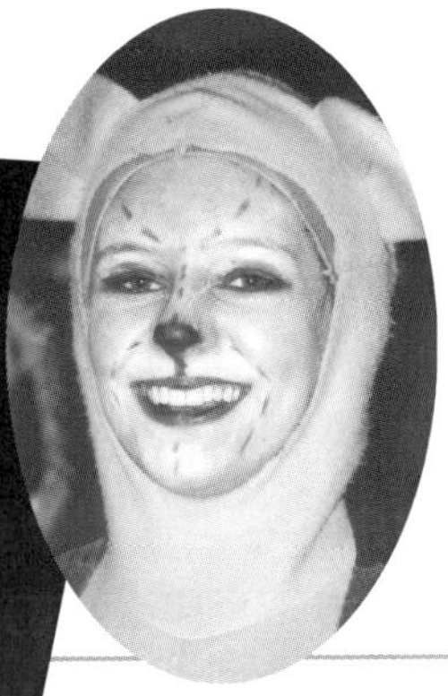

(Gruppenspiel)
Die Schüler stehen bei diesem Spiel im Kreis und halten sich an den Händen. Die Katze befindet sich außerhalb, die Maus innerhalb des Kreises. Die Katze muss versuchen, die Maus zu fangen. Die Spieler im Kreis beschützen durch Heben und Senken ihrer Hände und Arme die Maus, die sie durchlassen, und behindern die Katze, der sie den Weg versperren. Wenn die Maus gefangen wurde oder die Katze erschöpft ist, werden die Spieler ausgewechselt.

Begrüßung

(Charakterisierung)
Die Schüler/-innen arbeiten paarweise zusammen. Zunächst sollen die Partner eine Situation festlegen, in der zwei Personen aufeinander treffen. Das könnten ein Elternteil und ein Kind sein, die für längere Zeit getrennt waren, die erste Begegnung mit einem neuen Familienmitglied, Arzt und Patient oder Fußballstar und Fan. Die Schüler/-innen spielen vor, wie das Treffen zwischen beiden Personen abläuft, und verlassen dann gemeinsam die Spielfläche.

Fingerpuppen

(Sprechende Puppen)
Die Schüler zeichnen mit wasserlöslichen Folienstiften Augen und Mund auf ihre beiden Zeigefinger und haben damit zwei Spielfiguren, die sich miteinander unterhalten können. Die Kinder müssen ihren Fingerpuppen verschiedene Stimmen geben und sich vorher eine Szene überlegen. Mehrere Fingerpuppen können eine Gruppe bilden und die Finger der ganzen Klasse werden zu einer Menschenmenge!

...und Abschied

(Charakterisierung)
Nun geht es darum, dass sich zwei voneinander verabschieden. Es muss bestimmt werden, wer sich verabschiedet, wo, wann und warum. Beispiele wären: eine Person geht zur Arbeit, zwei verabschieden sich im Flughafen, nach einer Party oder am Ende eines Schuljahres. Die Schüler/-innen sollen sich darüber Gedanken machen, wo die Abschiedsszene stattfindet und wie sich die Beteiligten dabei fühlen. Ihre Szene soll lang genug sein, um das den anderen deutlich zu machen.

Achtung, Ansteckungsgefahr!

(Aufwärmübung)
Lassen Sie Ihre Schüler/-innen sich frei auf der Spielfläche bewegen, um sie zu erkunden. Sie können aufgerichtet und gebückt, schnell und langsam oder vorwärts und rückwärts gehen. Allerdings dürfen sie dabei keinen anderen Mitspieler berühren – sie könnten sich anstecken und eines grauenhaften Todes sterben! Jeder Schüler, der einen anderen berührt, kann sich einen Spaß daraus machen, dramatisch zu sterben. Geben Sie nach einiger Zeit die Parole „Versteinern“ aus. Dann halbieren Sie die Spielfläche. Machen Sie das mehrmals, um den Schülern die Aufgabe, sich nicht zu berühren, immer schwerer zu machen.

Schatztruhe

(Motivation)
Schaffen Sie für hervorragendes Benehmen oder überdurchschnittliche Arbeitsergebnisse ein Belohnungssystem als wirkungsvolles Mittel zur Steuerung. Nehmen Sie eine verlockende Schachtel, die beispielsweise das Aussehen einer Seeräuberschatztruhe hat, füllen Sie diese mit fantasievollen kleinen Geschenken (verpackt) – und schließen Sie gut zu. Besondere Stifte, Sticker, Kreisel oder Gesichtsmasken aus Folie sind billig zu haben. Jedes Kind, das eine bestimmte Anzahl von Sternen auf einem Sammelblatt erreicht, darf sich ein Überraschungsgeschenk aus der Schatztruhe aussuchen. Geben Sie darauf Acht, dass jeder Schüler am Ende des Schuljahres ein Geschenk bekommen hat.

Woher komme ich?

(Improvisation)
Die Schüler/-innen betreten die Spielfläche einzeln und spielen vor, von wo sie gerade kommen. Sie können sich z. B. ausdenken, gerade vom Schwimmen zu kommen, dann werden sie wohl spielen, wie sie vor Kälte zittern, sich mit dem Handtuch trockenreiben und von einem Fuß auf den anderen hüpfen, um sich aufzuwärmen. Die Mitschüler sollen erraten, woher die einzelnen Spieler kommen.

Familienfeiern

(Gestaltung)
Fragen Sie Ihre Schüler/-innen, wie ihre Familien besondere Anlässe feiern, z. B. Silvester oder Neujahr, einen Geburtstag, die Begrüßung eines neuen Familienmitglieds oder einen Abschied. Die Kinder sollen eine solche Feier in Einzelheiten beschreiben. Fragen Sie, welche Spielelemente die Schüler in diesen Feiern erkennen, also etwa Kostüme, Musik oder Zuschauerbeteiligung und lassen Sie die Feierlichkeit wie eine Theateraufführung bewerten. Können die Schüler/-innen dieses Ereignis noch einmal darstellen?

Ein Neuling sein

(Improvisation)
Einige Schüler/-innen können erzählen, wie es war, als sie mit ihren Eltern nach Deutschland kamen. Welche waren ihre ersten Eindrücke? Nicht-Einwanderer können berichten, wie es war, an eine neue Schule zu kommen. Sprechen Sie mit den Schülern darüber, wie man sich als Neuankömmling fühlt. Einige dieser Geschichten können von Gruppen vorgespielt werden.

Tierbewegungen

(Bewegungstraining)
Die Schüler/-innen sollen durch Ausprobieren herausfinden, wie sich Tiere bewegen, zuerst bei Haustieren wie Hund und Katze, dann bei Nutztieren wie Pferde, Schafe oder Enten. Dann kommen Wildtiere, sowohl einheimische wie auch exotische, an die Reihe: beispielsweise Krokodile, Kamele, Mäuse, Löwen oder Eulen. Lassen Sie die Schüler nun einen Zoo, die Arche Noah oder einen Nationalpark darstellen, mit allen Tieren und Menschen darin.

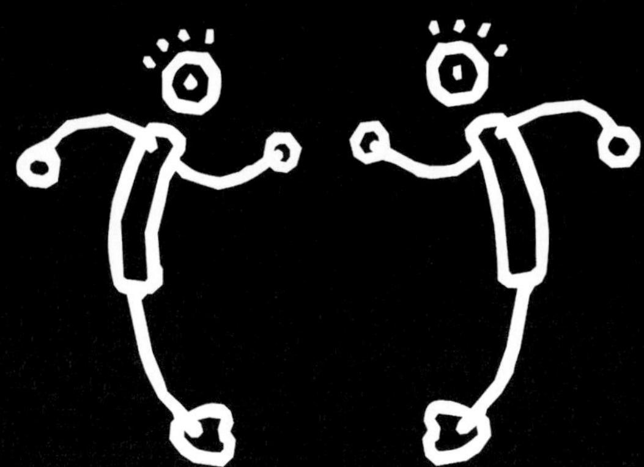

Klassenmaschine

(Bewegungsübung)
Ein Kind beginnt mit einer Bewegung wie z. B. einen Arm kreisen zu lassen, die es rhythmisch wiederholt, und fügt dann ein Geräusch hinzu. Nun soll ein zweites Kind eine weitere Bewegung und einen weiteren Laut beisteuern. Nach und nach folgen die anderen Kinder und gestalten so eine erstaunliche Maschine. Betonen Sie, dass sich alle Spielbeiträge voneinander unterscheiden sollen und dass jeder sich an der Darstellung der Maschinenteile orientieren soll, die bereits arbeiten.

Bring mich zum Lachen

(Konzentrationsübung)
Jeweils zwei Schüler sitzen sich gegenüber. Einer muss versuchen, eine ernste Miene zu bewahren, während der andere Grimassen schneidet oder komische Bewegungen vollführt. Es ist nicht erlaubt, sich dabei zu berühren. Wenn es glückt, den anderen zum Lachen zu bringen, tauschen beide die Rollen; wenn nicht, dürfen weitere Mitspieler gemeinsam versuchen, ihn aus der Ruhe zu bringen. Eine hervorragende Konzentrations- und Selbstbeherrschungsübung.

Der Käpten kommt!

(Aufwärmspiel)
Die Spielfläche stellt ein Schiff dar, die Schüler/-innen sind die Mannschaft. Die letzte Person, die ein Kommando ausführt, scheidet aus. Folgende Kommandos können gegeben werden: „Backbord!" (nach links laufen), „Steuerbord!" (nach rechts), „Heck!" (rückwärts), „Bug!" (vorwärts), „Auf das Rigg!" (Kletterbewegungen auf der Stelle), „Deck schrubben!" (auf die Knie fallen, schrubben), „Der Käpten kommt!" (salutieren), „Der Käpten ist weg!" (eine Nase drehen), „Seemöwe!" (aufschauen, sich einen Spritzer aus dem Auge wischen) oder „Mann über Bord!" (in Zeitlupe über Bord springen).

Bleib im Rhythmus

(Konzentrationsübung)
Alle Schüler/-innen sitzen im Kreis. Machen Sie ein rhythmisches Geräusch vor, das gemeinsam eingeübt wird: z. B. Händeklatschen, auf die Knie Schlagen oder Fingerschnippen mit der rechten oder linken Hand. Wenn der Rhythmus klappt, rufen Sie zwei Namen in die Runde: erstens den Ihren, zweitens den eines Schülers aus dem Kreis. Dieser Schüler muss zuerst seinen eigenen Namen und dann den Namen eines Mitschülers nennen, der als nächster an die Reihe kommt. All das muss geschehen, ohne dass die rhythmische Bewegung unterbrochen wird.

Lebendige Szene

(Arbeit mit Skripten)
Nehmen Sie einen schriftlichen Text, an dem Sie gerade mit der Klasse arbeiten. Wählen Sie daraus eine spannende (vorwiegend dialogische) Szene aus und gestalten Sie daraus einen Dialog. Verteilen Sie dann die Rollen und führen Sie mit der Klasse die Szene auf. Schüler/-innen können auch Rollen übernehmen, in denen sie einen Teil des Mobiliars oder einer Landschaft darstellen.

Materialien für die individuelle Planung

Name: ____________________

Hüte!

Bastle aus Zeitungspapier und Klebefilm einen Hut. Er kann praktisch oder verrückt, riesig oder winzig sein.

Denke dir eine Spielfigur zu deinem Hut **aus**.

Überlegt gemeinsam, wie eure Figuren eine Gruppe bilden könnten.

Jeder **zählt** als Denkhilfe sechs Wörter **auf**, die seine Figur beschreiben.

Arbeitet in Gruppen zusammen, um eine Geschichte **auszuarbeiten**.

Führt eure Geschichte der ganzen Klasse **vor**.

Beschreibe hier deine Spielfigur (füge auch die sechs beschreibenden Wörter hinzu):

Die Schüler verwenden einfache Kostümelemente, um Spielfiguren und eine Improvisation zu gestalten.

Name: ______________________________

Überraschung! Geburtstagsparty!

Deine Klasse will anlässlich eines Geburtstags eine Überraschungsparty feiern.

Die Gäste werden die Hauptfiguren eines Textes sein, mit dem ihr euch gerade im Unterricht befasst.

Suche dir **aus**, wessen Rolle du spielen willst.

Gehe nun zur Party und **mische** dich unter die anderen Gäste. Viel Spaß!

Beachte folgende Informationen für die Planung der Party:

Text: ______________________________ Autor: ______________

Die Gäste der Überraschungsparty: ______________________________

____

____

Beschreibe hier deine Spielfigur: ______________________________

____

____

Beschreibe, für wen und wo die Party stattfinden soll: ______________

____

____

Die Schüler verwenden eine Figur aus einem schriftlichen Text als Anregung für eine Improvisation.

Name: ___________________________________

Macht die Umwelt sauber!

Eure Klasse nimmt mit einer Aktion am „Tag der Umwelt“ teil und hilft dabei, einen Park in eurem Ort von Abfall zu säubern.
Einige Eltern möchten jedoch nicht, dass ihre Kinder daran teilnehmen.

Wählt verschiedene Rollen aus: Eltern, Kinder oder Lehrer.

Spielt vor, was bei den Schülern zu Hause, in der Schule oder im Park geschieht.

Schreibt **entweder** einen kurzen Brief der Eltern, die nicht wollen, dass ihr Kind an dieser Aktion teilnimmt **oder** entwerft eine Ankündigung, die den Leuten erklärt, was im Park gemacht werden soll.

Die Schüler erkunden mit einer Improvisation unterschiedliche Standpunkte.

4. Arbeitsblatt

Name: ______________________________

Mein Lehrer ist ein Außerirdischer

Stell dir **vor**, dein Lehrer wäre ein Außerirdischer und wüsste nichts über den Planenten Erde.

Ihr müsst ihm in einem gemeinsamen Rollenspiel **erklären**, wie es auf der Erde zugeht. Versucht, ihm Tag und Nacht, die Jahreszeiten und das Wetter zu erklären, außerdem, was hier essbar ist, wo man Unterschlupf findet, wo Gefahren lauern usw.

Macht hier **Notizen** für einen „Überlebenswegweiser", der Außerirdische informieren soll.

Überlebenswegweiser

Planet:	Wetter:
Tageslänge:	Nahrungsmittel:
Sonnen und Monde:	Unterschlupf:
Jahreszeiten:	Gefahren:

Die Schüler erklären ihnen vertraute Tatsachen mit Hilfe von Rollenspielen und ihrer Fantasie.

Name: ________________________________

Samen

Wie verbreiten sich Samen?

Suche dir irgendeine Samenart **aus** und **spiele** der Klasse den Lebenskreislauf der daraus entstehenden Pflanze **vor**.

Stell dir als Aufwärmübung **vor**, du wärst:

- der Samen einer Pusteblume, der vom Wind weggeweht wird;
- eine Klette, die sich am Bein eines Tieres verhakt;
- eine riesige Kokosnuss, die gleich vom Baum fallen wird. Lass dich fallen, pralle vom Boden ab, rolle ins Meer und lass dich im Wasser treiben. Lass dich wieder an Land schwemmen, verwurzle dich im Boden, lass einen Spross wachsen und groß werden, wiege dich im Wind, treibe neue Früchte (Kokosnüsse) und – plumps! Wieder fällt eine Kokosnuss zu Boden…

Zeichne hier den Lebenskreislauf deiner Pflanze **auf** und **merke an**, durch welche Körperbewegungen du was dargestellt hast.
Verwende dazu Wörter wie leicht/schwer, schnell/langsam und hoch/tief.

Die Schüler stellen den Lebenszyklus einer Pflanze im Spiel dar.

6. Arbeitsblatt

Name: ____________________

Katastrophe!

Bildet kleine Gruppen. Stellt gemeinsam mit einfachen Requisiten, die leicht zu beschaffen sind, einen aufregenden Ort dar, z. B. einen Berg oder eine Höhle.

DA EREIGNET SICH EINE KATASTROPHE!

Legt fest, welche Rolle jeder von euch übernehmen wird und **spielt** die Situation der Klasse **vor.**

Plant eure Geschichte hier.

1. ORIENTIERUNG: Wer? Wo? Wann? Warum?	2. KOMPLIKATION: Was ist passiert?
3. KOMPLIKATION: Was wird als Nächstes passieren?	4. ENDE: Wie geht die Geschichte aus?

Die Schüler verwenden einfache Requisiten zur Gestaltung eines Bühnenbildes und einer Spielhandlung.

Name: ______________________

Es war einmal ...

1. Arbeite mit einer kleinen Gruppe zusammen. **Betrachtet** gemeinsam historische Bilder oder Fotos aus eurer Gegend.
2. **Erweckt** daraufhin das Gemälde oder Foto zum Leben, indem ihr darstellt, was sich ereignete, als das Bild gemalt oder das Foto geschossen wurde.
3. **Lege** dem Arbeitsblatt eine Kopie des Bildes oder Fotos **bei**.

ODER:

1. **Findet heraus**, welches interessante Ereignis sich vor langer Zeit in eurer Gegend oder in eurer Schule abgespielt hat.
2. **Stellt** die Geschichte spielerisch **dar**.
3. **Zeichnet** hier eine Szene aus eurem Rollenspiel **auf**.

Damit ihr eure Szene leichter gestalten könnt, zählt hier auf, was sich im Lauf der Zeit verändert hat (z. B. Bäume, Kleidung, Gebäude):

____

____

Die Schüler nehmen historische Gemälde, Fotos oder Geschichten aus ihrer Gegend als Anregung für eine Improvisation.

Name: ______________________________

Tanzende Füße

Du bist jetzt eine **Statue** aus Stein.

Wenn die Musik anfängt, **erwachen** zunächst deine Füße, dann deine Beine, Arme, dein Rumpf und dein Kopf. **Bewege** deinen ganzen Körper zur Musik.

Wenn die Musik aufhört, **versteinerst** du wieder, aber in einer anderen Körperhaltung.

Sobald die Musik von neuem beginnt, bringst du deine Pose* wieder zum Leben.

Zeichne hier deine Lieblingshaltung als Statue **auf** und **beschreibe**, wie du den Körper zur Musik bewegt hast.

Diese Pose hat mir am besten gefallen:

Wie hat sich dein Körper beim Tanzen angefühlt? ______________________________

Hast du lieber zu schneller oder langsamer Musik getanzt? ______________

Hast du dich lieber lebhaft oder sanft bewegt? ______________________

* „Pose" bedeutet: Körperhaltung

Die Schüler experimentieren mit Bewegungen zu Musik.

Name: ____________________

Schweigender Zauberer

1. **Setze** dich mit den anderen in einen Kreis.
2. Nimm einen unsichtbaren Gegenstand in die Hand und **führe** ihn den anderen **vor**, ohne ein Wort zu sagen.
3. **Gib** ihn nun vorsichtig an einen Sitznachbarn **weiter**.
4. Der nächste Spieler **verwandelt** den Gegenstand in etwas anderes und **gibt** ihn wiederum **weiter**.

Jeder Spieler soll erreichen, dass alle anderen wissen, was er in den Händen hält – ohne dabei zu sprechen!

Beschreibe hier drei Gegenstände, die in eurem Zauberkreis vorgestellt wurden, **ohne sie zu benennen**. Gib deine Beschreibung einem Mitschüler, der erraten soll, was du beschrieben hast. Hat jemand geschafft, es zu erraten? Hast du es geschafft?

1. ____________________

____

____

2. ____________________

____

____

3. ____________________

____

____

Die Schüler denken sich einen imaginären Gegenstand aus und teilen ihren Mitschülern pantomimisch mit, worum es sich handelt.

Name: ____________________

Der Hauch des Lebens

1. Hole einmal tief Luft und spüre dabei, wie deine Lungen arbeiten.
2. Übe tief einzuatmen, hole die Luft von deinen Zehen herauf, und atme dann durch deine Fingerspitzen aus.
3. Stell dir vor, was du mit deinem Atem machen kannst:
   - einen Luftballon aufblasen
   - Geburtstagskerzen auspusten
   - die Wäsche trocknen
   - eine Jacht von der Stelle bewegen.
4. Nun stehe auf und verwandle dich in den Luftballon, die Wäsche oder die Jacht.
5. Wie atmest du dabei?
6. Klebe hier ein altes Foto von dir auf. Beschrifte es: wo sind deine Lungen, deine Luftröhre, deine Zähne, deine Zunge, deine Lippen und deine Kehle?

Die Schüler experimentieren körperlich und in ihrer Fantasie mit ihrem Atem.

Name: ____________________

Wie bitte?

1. **Suche** dir gemeinsam mit der ganzen Klasse **eine Zeile** aus einem Bühnenstück oder einem Zungenbrecher aus, die euch allen gut gefällt, z. B.: „Ich schraube saubere Kreuzschlitzschrauben drauf."
2. **Stellt** euch in zwei Reihen **auf**, mit dem Gesicht zueinander.
3. Reihe A **spricht** die Zeile oder den Zungenbrecher.
4. Reihe B **fragt**: „Wie bitte?"
5. Beide Reihen **weichen** langsam so weit **zurück**, dass sie einander nicht mehr hören können.
6. Dann **gehen** sie wieder **aufeinander zu.** Währenddessen **wechseln** sie sich die ganze Zeit wie vorher **beim Sprechen ab.**
7. Die Spieler der beiden Reihen **tauschen** nun **die Rollen.**
8. **Schreibe** hier die Zeile **auf**, die ihr ausgesucht habt, und dazu drei Tipps, wie man erreichen kann, dass die eigene Stimme weiter trägt, z. B.: „Hole tief Luft".

Unsere Zeile: ____________________

Meine Tipps:

1. ____________________

2. ____________________

3. ____________________

Die Schüler setzen ihre Stimme zur Steigerung ihrer Reichweite und Konzentration ein.

Name: ____________________

Entwirf ein Poster

Entwirf ein Poster, auf dem du für eine Klassenaufführung Werbung machst, für den Aushang in der Schule und der näheren Umgebung.

Achte darauf, dass dein Poster auch wirklich die **Blicke** der Leute **auf sich zieht**.

Überlege dir, wie du Linien, Farben und Formen dafür nutzen kannst. **Viel Vergnügen dabei!**

Vergiss nicht **die folgenden Informationen**:

- Titel der Aufführung
- Name des Autors
- Von wem aufgeführt?
- Für wen aufgeführt?
- Wo findet die Veranstaltung statt?
- Wann findet sie statt? (Datum, Uhrzeit)
- Wie viel kostet der Eintritt?

Die Schüler entwerfen Poster, um potenzielle Zuschauer auf eine Aufführung aufmerksam zu machen.

Name: ______________________________

Wer ist der Chef?

Arbeitet in kleinen Gruppen zusammen und wählt eine Situation aus, in der einer der Chef ist, z. B. spielt er den Lehrer oder den Gruppenführer.

Stellt gemeinsam eine „Momentaufnahme“, aus der ersichtlich ist, wer der Chef ist und warum.

Als Nächstes sucht nach einem Grund, warum jemand anderer neuer Chef werden sollte.

Spielt die Szene durch und stellt anschließend wieder eine „Momentaufnahme“, die den neuen Chef zeigt.

Zeichne hier eine der beiden Szenen:

Wodurch habt ihr bei euren Momentaufnahmen gezeigt, wer der Chef war?

____

____

Die Schüler experimentieren mit Spielelementen, um die Aufmerksamkeit und Wahrnehmung des Publikums zu fördern.

14. Arbeitsblatt

Spielelemente: Höhepunkt

Name: ______________________________

Gespieltes Bild

Betrachte die Reproduktion eines modernen Gemäldes oder eine Fotoaufnahme steinzeitlicher Höhlenmalereien.

Verwende die abgebildeten Figuren oder Geschehnisse für eine Geschichte, die du zusammen mit anderen vorspielen kannst.

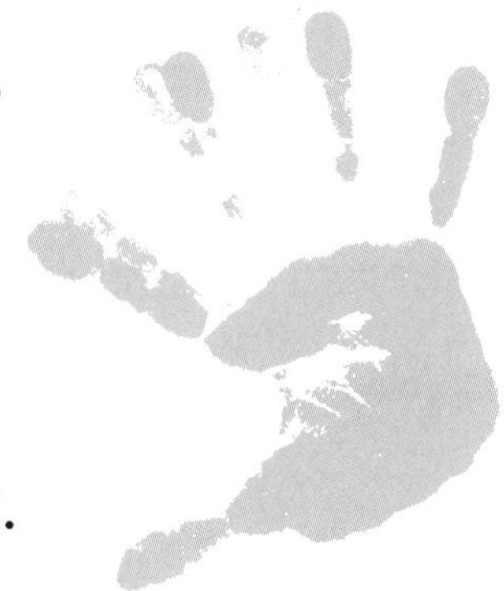

Zeichne hier ein Bild vom Höhepunkt deiner Geschichte.

Verwende dabei einige der Gestaltungselemente des Bildes, das dich zu deiner Geschichte inspiriert hat.

Mit welchen dramatischen Spielelementen zeigst du, dass dies der Höhepunkt deiner Geschichte ist?

____

____

Die Schüler nutzen bildliche Darstellungen als Anregung für Improvisationen und befassen sich mit dramatischen Spannungselementen.

Name: ______________________

Wie hast du dich dabei gefühlt?

Erinnere dich an eine Gelegenheit, bei der du dich richtig aufgeregt, schüchtern, siegessicher oder einsam gefühlt hast.

Suche nach einem Weg, wie du **der Klasse deine Gefühle** bei diesem Anlass **vorspielen kannst**.

Folgendes könntest du tun:

- ein Bild zusammen mit anderen Mitschülern **stellen**
- **pantomimisch darstellen**, was sich ereignet hat
- das Geschehnis mit Worten und Bewegungen **durchspielen**
- Geräusche oder Musik für deine Darstellung **verwenden.**

Gestalte eine Stimmungscollage aus Wörtern, Bildern oder nur Farben, die du aus Zeitschriften oder Zeitungen ausschneidest.

Die Schüler erkunden Gefühle und stellen sie mit dem Körper und/oder Stimme in Gruppen dar.

Name: ______________________________

Körperlandkarte

Suche dir einen Ort aus, den du **mit einer Landkarte darstellen** möchtest: du könntest dein Zuhause, deine Schule, eine Einkaufsstätte, einen Park, Spielplatz oder ein ganzes Land nehmen.

Verwandle deine Spielfläche in diese Landkarte. Deine Gruppe hilft dir dabei.

Stellt mit eurem Körper alle wichtigen Wahrzeichen dieser Landschaft oder dieses Gebäudes **dar**, also z. B. Städte, Bäume, Türen usw.

Zeichne hier deine Landkarte auf und schreibe dazu, wer was dargestellt hat.

Die Schüler stellen kreativ einen bestimmten Ort mit Hilfe einfacher Requisiten dar.

Name: ______________________________

Gruppendickicht

1. Stellt euch alle in einem engen Kreis mit Blick nach innen auf und haltet die Hände so vor euch hin, dass ihr die Hände anderer Mitspieler berührt.
2. Fasst mit jeder Hand die Hand eines anderen.
3. Hebt eure Hände hoch, um zu sehen, wer wen an der Hand hält.
4. Entwirrt langsam das Handdickicht, ohne dabei die Hände der anderen loszulassen. Berücksichtigt die Bedürfnisse und Anregungen aller anderen. Steht ihr nach dem Entwirren in einem oder zwei Kreisen?
5. Schreibe Eigenschaftswörter in den **Wortspeicher** unten, die beschreiben, wie du dich in eurem Gruppendickicht gefühlt hast.

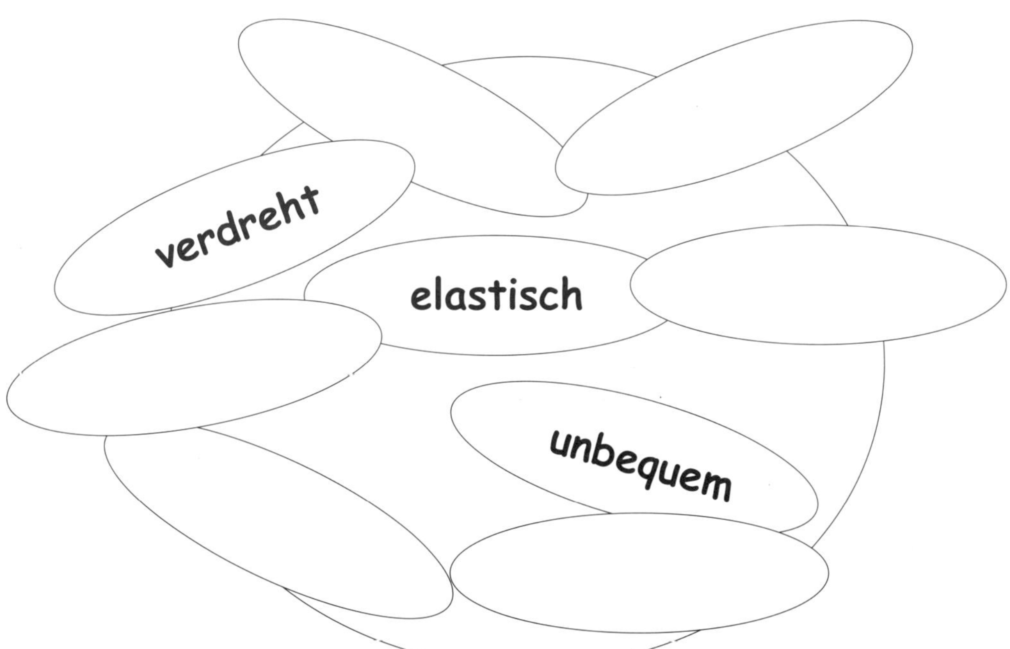

Die Schüler arbeiten in Gruppen zusammen und beweisen dabei Toleranz und die Fähigkeit, eine Aufgabe zu Ende zu führen.

Name: ____________________

Lesertheater

Suche dir ein Gedicht **aus oder schreibe** selbst eines, das ein klares Gefühl, wie Freude, Trauer, Gelassenheit oder Vergnügen ausdrückt.

Schreibe dieses Gedicht hier **auf**.

Spiele das Gedicht zusammen mit deiner Gruppe **vor**. Setzt dabei Stimme und Bewegung ein.

Die Schüler setzen bewusst Stimme und Gestik ein, um beim Vorspielen eines Textes Gefühle auszudrücken.

Name: ______________________________

Ein Tier ist verletzt!

Ein Tier ist verletzt worden!

Gestalte mit einer kleinen Gruppe ein Rollenspiel dazu.

1. **Legt fest**, was für ein Tier das sein soll. Ein Haustier? Ein wild lebendes Tier?
2. **Sammelt Ideen**, was man in dieser Situation tun könnte.
3. **Besprecht** eure Ideen mit einer erwachsenen Person. **Entscheidet** euch, wie ihr dem Tier am besten helfen könntet.
4. **Entwickelt** eure Geschichte **weiter**. Sie soll die weiteren Ereignisse zeigen.
5. **Übt** die Geschichte so lange ein, bis die Gruppe damit zufrieden ist und der Text einigermaßen gleich bleibt. Schreibt ihn auf und lernt ihn.
6. **Spielt** nun der Klasse **vor**, wie man mit so einem Notfall fertig wird.

Der Text eurer Geschichte: ______________________________

____

____

____

____

____

____

____

____

____

____

Die Schüler gestalten und memorieren ein Skript für einen bestimmten Zweck.

Name: ______________________________

Keine Schikanen!

Erinnert euch an eine Situation, in der jemand schikaniert wurde.

Diskutiert als ganze Klasse darüber, wie diese Person damit fertig wurde.

Entwickelt daraus eine Szenenfolge, die für Schulanfänger bestimmt ist.

Plant die Handlung und **schreibt** sie in die Rahmen. Denkt daran, wer die Zuschauer sein sollen.

Wer wird schikaniert?
Wer schikaniert?

Welche Schikane ist es?
(z. B. schubsen, jemandem Gemeinheiten sagen oder jemanden aus der Gruppe ausschließen)

Wie wird die schikanierte Person damit fertig?
(z. B. sie übersieht es, bleibt in der Nähe ihrer Freunde oder erzählt einem Erwachsenen davon)

Die Schüler entwickeln in einer Improvisation Spielfiguren für einen bestimmten Zweck, sie feilen an ihren Szenen und führen sie vor.

Name: ______________________________

Fanclub

Beschafft euch Informationen über einen **deutschen Schauspieler oder Darsteller,** den ihr gut findet. Es kann auch eine Schauspielerin sein. Dazu könnt ihr Aufführungen, die ihr selbst gesehen habt, Zeitschriften und das Internet heranziehen.

Schreibt der Person **einen Brief**, in dem ihr erklärt, was euch an ihren Darbietungen gefällt.

Schreibt hier einen **Entwurf** eures Briefes, bevor ihr die Reinschrift abschickt.

Liebe(r) ______________________________

Die Schüler tauschen ihre Ansichten über die Darbietungen eines Schauspielers aus.

Name: ______________________________

Wo war das?

Zählt zwei verschiedene **Orte** auf, an denen ihr eine Spielaufführung **gesehen** habt.

Berücksichtigt dabei die folgenden Formen der Darbietung:

- eine erzählte Geschichte
- Theaterstücke
- Fernsehsendungen
- eine Aufführung zu einem festlichen Anlass
- Festspiele
- Kinofilme

	1. Aufführung	**2. Aufführung**
Ort der Aufführung		
Drinnen oder draußen?		
Wer hat noch zugesehen und wo war dein Platz?		
Gab es spezielle Ton- oder Lichteffekte?		
Welche Auswirkung hatte die Spielfläche auf die Spielaufführung?		

Die Schüler identifizieren verschiedene Aufführungsorte und ihre Auswirkungen.

Name: ______________________________

Du bist ein Star!

Lass mit einer Foto- oder Videokamera eine deiner Spielimprovisationen **aufnehmen**.

Siehe dir die Aufnahme **an**.

Beantworte dazu folgende Fragen:

Wie findest du selbst deine Aufführung?

____

Was hat gut geklappt? Gratuliere dir dazu.

____

Kann deine Darbietung gesehen, gehört und verstanden werden?

____

An welchen Spielelementen könntest du noch arbeiten, um die gesamte Aufführung zu verbessern (z. B. an Kostümen, Requisiten, am Bühnenbild, an der Musik, der Stimmung)?

____

____

____

____

____

____

____

Spiele deine Aufführung noch einmal.

Die Schüler besprechen und bewerten Aufnahmen ihrer Arbeit.

Name: ______________________________

Darstellendes Spiel im wirklichen Leben

Erinnere dich an eine feierliche Zeremonie, an der du teilgenommen hast, etwa eine Trauung oder eine Preisverleihung an deiner Schule.

Beschreibe die **dramatischen Elemente** dieses Ereignisses.

Zu den dramatischen Elementen gehören:

- Kostüme
- Requisiten
- Dekoration
- Musik
- Stimmung

Meine Zeremonie:

Dramatische Elemente: ______________________________

Die Schüler erkennen dramatische Elemente in Zeremonien des wirklichen Lebens.

Name: ______________________________

Kostüme und Schminke

Informiere dich in einer Bücherei oder im Internet zu Kostümen und Maskenbildnerei in EINER der folgenden traditionellen Theaterformen:

- Karneval in Rio de Janeiro
- Ritterspiele (z. B. Landshuter Hochzeit, Further Drachenstich)
- Commedia dell'Arte in Italien
- Kathakali in Indien

Zeichne ein Bild oder klebe ein Foto hierhin, auf dem EINS der Kostüme oder EINE Maske zu sehen ist.

Beschrifte das Bild oder Foto mit Erklärungen zu Material, Farbe und Bedeutung der Farben.

Die Schüler informieren sich über Kostüme und Maskenbildnerei einer bestimmten traditionellen Theaterform.

Name: ______________________________

Was läuft heute?

Suche in deiner örtlichen Tageszeitung die Rubrik „Veranstaltungen", „Was, wann, wo?" o. Ä.

Schau dir nacheinander die verschiedenen Veranstaltungsarten an.

Theaterstücke Musicals Filme Konzerte Gastspiele Zirkusvorstellungen

Name der Zeitung: ______________ Datum der Ausgabe: ______________

Suche dir **zwei** Veranstaltungen aus, die du gern besuchen würdest. Warum hast du diese ausgewählt?

1. Veranstaltung: ______________________________

____

____

____

2. Veranstaltung: ______________________________

____

____

____

Welcher Veranstaltungshinweis mir am besten gefällt und warum:

____

____

____

____

____

Die Schüler informieren sich über die Palette der Kulturangebote in ihrer Umgebung und reagieren darauf.

Name: ____________________

Theaterberufe

Welche Berufe gibt es im Theaterbereich?

Schau dir Theaterprogramme, Websites von Theatergruppen und Anzeigen im Veranstaltungs- oder Stellenanzeigenteil einer Tageszeitung **an**. Informiere dich über die Berufe in der Theaterwelt.

Zähle die Tätigkeiten **auf** und finde heraus, was die Beschäftigten bei ihrer Arbeit machen. Einige Beispiele für Theaterberufe sind: Schauspieler, Regisseur, Inspizient, Maskenbildner, Bühnentechniker oder Theaterkritiker.

Berufsbezeichnung	Welche Arbeit machen die Beschäftigten?

Die Schüler informieren sich über Berufe in der Theaterwelt.

Schritt für Schritt

1. Gruppenskulpturen

ARBEITSKARTE

Du brauchst:

- eine Gruppe von Mitschülern
- Konzentration!

So macht ihr es:

1. Arbeitet in Kleingruppen zusammen. Entscheidet euch zuerst, welche Stimmung oder welches Gefühl ihr als Gruppenskulptur darstellen wollt.
2. Stellt euch im Kreis auf. Seid ruhig. Konzentriert euch.
3. Nun geht ein Spieler, ohne dass es vorher angekündigt wird, in die Mitte des Kreises und nimmt eine Haltung ein, mit der die von euch gewählte Stimmung ausgedrückt werden soll. Die Position sollte leicht zu bewerkstelligen sein, da sie eine Zeitlang erhalten bleiben soll.
4. Wenn der erste Spieler still steht, kommt ein zweiter in den Kreis und erweitert die Skulptur; die Körperhaltung sollte auf die des ersten Spielers abgestimmt sein, aber eine andere Höhe oder Richtung haben.
5. Nacheinander trägt nun jeder Spieler zur Gruppenskulptur bei. Es kann sein, dass du darauf warten musst, bis du an die Reihe kommst.
6. Nun können die Mitglieder der anderen Gruppen die Skulptur von allen Seiten betrachten.

2. Das Wunder der Seidenherstellung

ARBEITSKARTE

Du brauchst:

- viel Fantasie
- einige Stücke Stoff (wahlweise)

So macht ihr es:

1. Spiele zusammen mit deinen Mitschülern vor, wie Seide hergestellt wird! Informiert euch vorher darüber.
2. Arbeitet in kleinen Gruppen zusammen. Beginnt als winzige Seidenraupeneier.
3. Schlüpft aus den Eiern, fresst Maulbeerblätter und werdet größer.
4. Nun wird euch die Haut zu eng. Versteinert, dann schlüpft aus der alten, engen Haut und spürt eure neue, locker sitzende Haut.
5. Fresst so lange weiter, bis ihr ausgewachsen seid.
6. Sucht nach einem guten Platz für euren Kokon, in dem ihr euch verpuppen wollt.
7. Nun gibt es zwei Möglichkeiten: Entweder ihr verwandelt euch im Kokon langsam in einen Seidenspinner (d. h. einen Schmetterling), der schließlich ein Loch in den Kokon frisst und herausschlüpft;
   Oder: Menschen zerstören euren Kokon und machen daraus einen einzigen langen Seidenfaden. Dann stirbt die Seidenraupe.
8. Aus vielen Seidenfäden weben die Menschen dann einen Seidenstoff.

3. Sockenpuppen

ARBEITSKARTE

Du brauchst:

- eine alte überzählige Socke
- eine Schere
- einen Filzstift
- zwei Knöpfe
- Nadel und Faden ODER zwei kleine Gummibänder
- einen kleinen Stofffetzen für die Zunge (wahlweise)

So machst du es:

1. Stecke die Hand, mit der du nicht schreibst, in die Socke. Die Finger kommen an die Stelle für die Zehen, der Daumen kommt zur Ferse.
2. Schließe deine Hand, sodass ein Mund entsteht.
3. Markiere auf der Socke, wo die Augen sein sollen; wahrscheinlich in der Nähe der Knöchel.
4. Nähe nun die Knöpfe als Augen auf die Socke. Oder binde einfach zwei kleine Stückchen Socke mit zwei Gummibändern ab und markiere mit dem Filzstift die Pupillen.
5. Zeichne die Zunge mit dem Filzstift an (oder nähe ein Stückchen Stoff ein).
6. Gestalte noch Ohren oder Haare, wenn du möchtest.
7. Lerne deine Puppe kennen und gib ihr einen Namen. Viel Spaß dabei!
8. Gestalte mit anderen eine kurze Improvisation mit zwei oder mehr Sockenpuppen. Gebt jeder Puppe eine andere Stimme.

4. Schreibe ein Skript

ARBEITSKARTE

Du brauchst:

- eine Gutenachtgeschichte, eine Sage oder ein Märchen
- einen Computer oder Papier und Stift
- einen Video- oder Kassettenrekorder
- Geduld

So machst du es:

1. Suche dir eine geeignete Gutenachtgeschichte, eine Sage oder ein Märchen aus, die du zum Leben erwecken möchtest. Die Geschichte sollte eine packende Handlung, einen spannenden Höhepunkt, lebendige Figuren, Humor und Möglichkeiten für eine interessante Inszenierung aufweisen.
2. Entscheide, wer die Zuschauer sein sollen. Vielleicht eine andere Klasse?
3. Teile die Geschichte in Szenen ein.
4. Spiele jede Szene durch und nimm es, wenn möglich, auf eine Kassette auf.
5. Schreibe den besten Dialog einschließlich der Regieanweisungen auf.
6. Arbeite dein Skript nun aus und bedenke dabei immer, wer dein Publikum sein wird.
7. Lege fest, wer welche Rolle übernehmen soll. Verschiedene Darsteller können eine Figur spielen oder auch zu verschiedenen Zeiten mehrere Gegenstände darstellen.
8. Lerne den Text auswendig. Die Art, wie du sprichst, sollte sich nach der Bedeutung der Worte richten.
9. Probe die Szenen, um so gut wie du kannst zu spielen.
10. Spiele sie dem von dir bestimmten Publikum vor.

5. Völkerwanderung!

ARBEITSKARTE

Du brauchst:

- Forschergeist
- Requisiten
- wenig Kostümmaterial

So macht ihr es:

1. Bilde mit anderen eine Gruppe. Entscheidet euch, welche Volksgruppe zur Zeit der Völkerwanderung ihr darstellen wollt.
2. Versucht herauszufinden, auf welchem Weg diese Gruppe oder dieser Stamm in eure Heimat gekommen ist. Was haben sie mitgebracht? Wo haben sie sich angesiedelt?
3. Was haben sie hier angetroffen? Welche Bevölkerung? Welche Tiere? Ging die Besiedlung friedlich vor sich?
4. Verwandelt nun die Spielfläche in das Land. Verwendet dazu ein paar Requisiten und eure Fantasie.
5. Verteilt die Rollen (einschließlich Tierrollen). Und nun geht auf Völkerwanderung! Führt euer Stück einer anderen Klasse vor.

6. Bastle eine Brillenmaske

ARBEITSKARTE

Du brauchst:

- Kartonpapier
- Gummibänder
- ein Heftgerät
- eine Schere
- Kleber
- Bunt- oder Filzstifte
- etwas Dekorationsmaterial
- einen Spiegel

So machst du es:

1. Lege fest, was deine Maske darstellen soll. Ein schönes Fantasietier? Eine Person mit großer Nase? Zeichne einen Grobentwurf.
2. Schneide ein Stück Kartonpapier aus, das die obere Hälfte deines Gesichts bedeckt, sodass du gut atmen und sprechen kannst.
3. Halte dir den Karton vors Gesicht. Markiere sorgfältig, wo die Löcher für die Augen sein sollen.
4. Lege die Maske auf eine Unterlage und schneide die Augen aus.
5. Dekoriere die Maske mit Farben und anderem Dekorationsmaterial, vielleicht Federn, Stoff, Glitzersteinchen, Bändern oder Wolle bzw. Draht für Schnurrhaare?
6. Hefte ein Gummiband zur Befestigung deiner Maske an.
7. Lege nun die Maske an. Experimentiere mit ihr und schaue dabei in den Spiegel.
8. Gestalte mit Hilfe deiner Maske eine Spielfigur und baue diese in eine Geschichte ein.

7. Zwei Versionen der gleichen Geschichte

ARBEITSKARTE

Du brauchst:

- einen Video- oder DVD-Rekorder
- Videos oder DVDs
- **oder** einen Geschichten-erzähler (einer von euch?)
- **oder** eine Spielaufführung (eure?)
- ein großes Blatt Papier
- Filzstifte

So machst du es:

1. Schaue dir zwei Versionen der gleichen Geschichte an. Das könnten z. B. zwei Videos sein: ein Zeichentrickfilm und ein Film mit richtigen Schauspielern; oder eine Geschichte, die ein Erzähler vorträgt und ein Videofilm; oder eine Theateraufführung und ein Videofilm.
2. Schreibe die Titel der beiden Versionen als Spaltenüberschriften auf das Blatt Papier.
3. Schreibe nun die Zeilenüberschriften an der Seite auf, folgende Stichpunkte könntest du wählen: Art der Darbietung, Handlung, Ideen, Figuren, Symbole, Höhepunkt, Dekoration, Kostüme, Requisiten, Zuschauerraum.
4. Nimm dir zuerst die erste Version vor. Schreibe zu jedem Gesichtspunkt auf, was dir dazu aufgefallen ist oder was du dazu meinst.
5. Mache nun das Gleiche bei der zweiten Version.
6. Entscheide dich nun, welche Version dir besser gefallen hat. Welche war in der ganzen Klasse beliebter? Warum? Finden einige in eurer Klasse beide Versionen gut?

8. Wählt mich!

ARBEITSKARTE

Du brauchst:

- von der gesamten Klasse bestimmte **Kandidaten** (mindestens zwei), die bei einer Kommunalwahl gegeneinander antreten
- Papier
- Kartonpapier
- Filzstifte usw.
- eine Kartonschachtel (Urne)
- einen Videorekorder (wahlweise)

So macht ihr es:

1. Teilt Gruppen ein, die jeweils einen der Kandidaten unterstützen sollen. Legt vorher ein Wahlprogramm für jeden Kandidaten fest. Was will er oder sie im Stadtrat/Gemeinderat durchsetzen: Den Ausbau von Fahrradwegen? Mehr Förderung für Sportvereine? Mehr kulturelle Angebote?
2. Entscheidet nun, welcher der beste Weg ist, um Wähler für euren Kandidaten zu gewinnen. Wahlplakate? Briefe? Persönliche Gespräche?
3. Jeder Kandidat (oder als Ersatz einer seiner Anhänger) muss eine zweiminütige Rede über sein Wahlprogramm halten. Dazu braucht ihr noch zwei kurze Reden: eine für den Fall eines Wahlsiegs, die andere für den Fall einer Wahlniederlage.
4. Bereitet Stimmzettel mit den Namen aller Kandidaten vor.
5. Stellt aus der Klassenliste ein Wählerverzeichnis zusammen.
6. Führt die Abstimmung durch.
7. Zählt die Stimmen aus und lasst das Ergebnis von Wahlprüfern nachzählen. Feiert euren Wahlsieg!